Frankfurt

lieben lernen

*Der perfekte Reiseführer für einen unvergessli-
chen Aufenthalt in Frankfurt inkl. Insider-Tipps
und Packliste*

Fabienne Schwill

✈ INHALT

VORWORT

DAS ERWARTET SIE IN DIESEM BUCH:

Zunächst alle wichtigen Informationen und Tipps rund um einen Aufenthalt von kurzer sowie auch von längerer Dauer in der Weltstadt Frankfurt, das Mainhatten Hessens (dieser Spitzname entstand, weil die Wolkenkratzer stark an Manhatten erinnern), die Skyline Deutschlands. Sie können sich bestens auf Ihre Reise vorbereiten, indem Sie bereits im Voraus Ihre Pläne machen und gegebenenfalls eventuell nötige Tickets, Stadtrundfahrten oder gewünschte Veranstaltungen im Vorfeld, vor der Anreise, buchen, wodurch Sie auch Ihre Ausgaben um einiges reduzieren können. So haben

Sie die Möglichkeit, Ihren Urlaub beziehungsweise Ihren Städte-Trip gelassener anzugehen, ohne unnötige Zeit zu verlieren, die Sie viel angenehmer in dieser wundervollen Stadt anderweitig verbringen können. Das kann durchaus einiges an Stress ersparen. Sie wissen möglicherweise bereits vorher, was Sie als Erstes unternehmen wollen und wo Sie kostengünstig übernachten, essen und feiern können, welche Highlights für Sie wirklich welche sein können, was es hier für Spezialitäten gibt und was Sie wirklich ganz besonders finden. Das bedeutet nicht, dass Sie nicht trotzdem Ihrer Spontanität freien Lauf lassen können. Doch auch hier gilt: Information ist einfach alles. Das vereinfacht meistens auch die Entscheidung, selbst dann, wenn man spontan sein möchte.

Frankfurt ist nicht einfach nur ein Großstadtdschungel. Es ist eine wundervolle, besondere Stadt mit vielen hübschen Orten, durchaus sehr sehenswerten Institutionen und Gebäuden sowie viel Natur. Man kann tagelang spazieren gehen, ohne alle Ziele gesichtet zu haben. Alles ist recht leicht erreichbar, wenn man vorher informiert ist, umso besser kann man die Stadt erkunden.

Rein informativ habe ich in diesem Buch auch einiges beschrieben, was nicht zwangsläufig für einen kurzen Aufenthalt von Belang sein mag, was jedoch den Wert dieser besonderen Stadt für ihre Bewohner darstellen soll. Es ist einfach alles vorhanden, um die Menschen hier in jeder Hinsicht versorgt zu wissen. Ich denke, wenn Besucher dies spüren, dann fühlen auch sie sich hier wohl und heimisch. In diesem Sinne wünsche ich Ihnen viel Spaß beim Durchstöbern des Ratgebers und dass er Ihnen viele tolle Ideen beschert.

Einen schönen Aufenthalt wünsche ich Ihnen.

ALLGEMEIN

Frankfurt am Main ist mit ca. 746.878 Einwohnern (Stand 31. Dezember 2018) die größte Universitätsstadt in Hessen, fünftgrößte Stadt in Deutschland und liegt im Süden von Hessen. Die Stadt liegt am Main, ein 527 Kilometer langer Fluss, davon verlaufen über 26 Stromkilometer durch das Stadtgebiet von Frankfurt.

Im Jahre 75 nach Christi wurde das Gebiet, in dem heute der Kaiserdom steht, von den Römern besiedelt. Heute findet man noch einige Zeitzeugen in Form von Mauerresten und Steinbögen. Urkundlich erwähnt wurde Frankfurt zum ersten Mal im Jahre

794.

Peter Feldmann von der SPD ist seit 01. Juli 2012 der amtierende Oberbürgermeister der Stadt.

Im Allgemeinen setzt sich die Großstadt aus 124 Stadtbezirken, 46 Stadtteilen und 16 Ortsbezirken zusammen.

Nicht nur die vielen Kulturen, die aufeinandertreffen und der Stadt Vielfältigkeit verleihen, machen Frankfurt zu etwas ganz Besonderem. In Frankfurt leben zurzeit 222.621 Menschen aus 179 verschiedenen Nationen (Zählung 31.12.2018). Das ist ein Anteil von 29,8 % nichtdeutscher Einwohner.

Auch in der Finanzwelt spielt Frankfurt eine bedeutende Rolle. Hier ist unter anderem der Sitz der Europäischen Zentralbank, deren Aufgabe die Bankenaufsicht über das Euro-Währungsgebiet ist.

Auch die Landesbank Hessen-Thüringen (HE-LEBA), die ING-DIBA, die Rentenbank und die Frankfurter Sparkasse sind hier angesiedelt.

Durch das Messezentrum besitzt die Stadt Frankfurt eine zentrale Bedeutung auf wirtschaftlichem Gebiet. Hier finden weltweit bedeutende Messen statt, wie die Internationale Automobilausstellung, die Buchmesse, die Ambiente (Ausstellung von

Konsumgütern) und andere Messen. Die Stadt Frankfurt beherbergt auch den Sitz einiger wichtiger Sportverbände, wie zum Beispiel des Deutschen Fußballbundes, des Deutschen Olympischen Sportbundes und des Deutschen Turnerbundes.

Wenn man sich in Frankfurt befindet, sei es auch nur für kurze Zeit, wird man früher oder später mit dem wichtigsten Verein der Stadt – die Eintracht Frankfurt – konfrontiert, wenn nicht persönlich, dann im Gespräch, im Radio oder in der Zeitung. Der Verein gehört zur Ersten Bundesliga und wurde am 08. März 1899 gegründet. Die Trikotfarben sind rotschwarz-weiß. Der Präsident des Vereins ist Peter Fischer. Training und Heimspiele finden überwiegend in der Commerzbank-Arena statt. Dies ist seit 2005 der Name für das im Stadtwald befindliche Waldstadion, das im Jahre 1925 eröffnet wurde. Während der vergangenen Jahre wurde das Stadion öfters renoviert. In der gesamten Anlage sind neben dem Fußballplatz eine Turnhalle, eine Tennisanlage, ein Schwimmbad und eine Beachvolleyball-Anlage. 51.000 Zuschauer finden hier Platz. Die Anfahrt ist auch mit öffentlichen Verkehrsmitteln, mit der S-Bahn und mit der Straßenbahn, möglich. Die

Commerzbank-Arena bietet ebenfalls Stadionführungen an. Bei diesen Führungen lernen Sie die Geschichte des Traditionsvereins Eintracht Frankfurt kennen. Nutzen Sie die Chance, die Katakomben der Arena zu besichtigen und Platz auf der originalen Trainerbank direkt am Spielfeldrand zu nehmen. Außerdem haben Sie die Gelegenheit, hierbei die Spieler-Kabine zu besichtigen, und Sie erhalten die einmalige Chance, durch den Spielertunnel zu schreiten. Sie bekommen zudem noch Einblicke in Bereiche, zu denen sonst nur die Spieler und Trainer Zutritt haben. Die Führung geht ca. 90 Minuten lang und wird in verschiedenen Sprachen angeboten. Genauere Information zu den Zeiten, an denen die Führungen stattfinden, können Sie auf der Homepage der Commerzbank-Arena nachlesen. Nach der Führung erhält jeder Teilnehmer einen Gutschein für einen freien Eintritt in das Eintracht-Frankfurt-Museum, welches ebenfalls einen Besuch wert ist.

VERKEHRSMITTEL

D adurch, dass die Stadt sehr zentral gelegen ist, sind sowohl der Frankfurter Haupt-Bahnhof als auch der Rheinmain-Flughafen sehr wichtig für viele Reisende. Der Flughafen in Frankfurt ist einer der größten der Welt und definitiv ist er der größte Flughafen Deutschlands. Die Fraport AG, so nennt sich heute die ehemalige Flughafen Frankfurt am Main AG, ist zur Zeit einer der wichtigsten Arbeitgeber mit den meisten Angestellten in der Region.

Auch für Touristen ist der Flughafen durchaus attraktiv. Es gibt dort eine Besucherterrasse, die

einen faszinierenden Ausblick auf das Flughafenge-
lände ermöglicht. Man kann Flugzeuge beim Starten
und Landen beobachten und von oben, in sicherer
Entfernung, kann man gelassen dem bunten Treiben
der ankommenden und abreisenden Fluggäste zu-
schauen. Viele Menschen nutzen täglich diese Gelegenheit.

Der Rhein-Main-Flughafen besteht aktuell aus
zwei Terminals, Terminal 1 und Terminal 2. (ein
drittes Terminal ist momentan in Arbeit).

Man kann unkompliziert mit dem Shuttlebus
von einem Terminal zum anderem fahren.

Dieser verkehrt im 10-Minuten-Rhythmus in
der Zeit von 5.30 h bis 23.30 h. Außerdem besteht
noch die Möglichkeit, die Skyline zu nutzen. Es handelt sich dabei um eine Schwebebahn, mit der Sie
alle 2-3 Minuten von einem Terminal zum anderen
kommen. Diese steht 24 Stunden in Betrieb, mit we-
nigen Ausnahmen, wenn eine Wartung ansteht.

Beide Transportmittel sind sowohl für die Rei-
senden als auch für Besucher des Flughafens kosten-
frei und werden aus diesem Grund besonders gerne
genutzt.

Vom Hauptbahnhof aus fahren Züge in die

meisten innerdeutschen und europäischen Ziele. Es ist zu empfehlen, die Stadt Frankfurt mit öffentlichen Verkehrsmitteln zu besuchen, da das Verkehrsnetz bestehend aus Bussen, U-, S- und Straßenbahnen sehr gut ausgebaut ist. Außerdem spart man sich so die mühselige Parkplatzsuche. Es sind einige Parkhäuser vorhanden, allerdings sind die Preise hierfür nicht gerade günstig. Es gibt in verschiedenen Stadtteilen die Möglichkeit, Fahrräder anzumieten. Wohl am bekanntesten unter den Fahrradvermietern ist Call a Bike von der Deutschen Bahn. Hier kann man telefonisch oder mittels der App ein Fahrrad anmieten und so kontinuierlich mobil bleiben. Die Kosten hierfür betragen je halbe Stunde 1,- €, höchsten jedoch 15,- € am Tag (24 Stunden).

EINKAUFEN

Mitten im Stadtzentrum Frankfurts befindet sich die Zeil, die Einkaufsstraße mit den meisten Geschäften in Frankfurt. Rund 500 Meter davon entfernt ist die Fußgängerzone. Am 26. Februar 2009 eröffnete auf der Zeil ein riesiges Einkaufszentrum namens My Zeil. Mit 100 Geschäften auf einer Gesamtfläche von 77.000 Quadratmetern und verteilt auf 6 Etagen findet der Kunde alles, was das Herz begehrt. Selbst ein Spiel- und Betreuungsplatz für Kinder wird geboten. So können Eltern seelenruhig ihrem Einkaufsvergnügen ohne nörgelnde Kinder nachgehen.

Allgemein geht es hier sehr hektisch zu. Jeder geht schnell seinen Weg und ist immer in Eile. Nur selten begegnet man Menschen, die in Ruhe ihren Weg beschreiten. Was man immer wieder sieht, sind Straßenmusiker, teilweise auch sehr ausgefallene. Auch künstlerische, akrobatische oder tänzerische Darbietungen bekommt man nicht selten zu Gesicht. Oft lohnt es sich, einfach einen Moment zu verweilen und dem Spektakel zuzuschauen beziehungsweise zuzuhören. Da erlebt man oft unvergessliche Momente. Um einen überragenden Blick auf Frankfurt zu bekommen, kann man sich übrigens, wenn man in dem dort stehenden Galeria-Kaufhof-Gebäude in die oberste Etage fährt und sich dort auf die Terrasse begibt, kostenlos einen Überblick über die Stadt verschaffen und dabei Leckereien aus der sich dort befindenden Skybar genießen.

Als längste Einkaufsstraße in Frankfurt möchte ich noch die Berger Straße erwähnen. Sie beginnt in der Frankfurter Innenstadt und führt über Bornheim und Nordend bis nach Seckbach. Hier scheint, im Gegensatz zur Zeil, ein anderer Rhythmus zu herrschen. Man könnte denken, es ist eine ganz andere Stadt. Die Menschen wirken wesentlich entspannter, nutzen die Einkaufspausen, um in Ruhe einen Kaffee zu trinken oder für ein Schwätzchen untereinander. Die Berger Straße ist ganz besonders im Sommer ein beliebter Ort zum draußen sitzen, beim Eis essen, einem kühlen Bier oder, um seinen Hunger zu stillen.

Was auf keinen Fall versäumt werden sollte, ist ein Besuch der Kleinmarkthalle Frankfurts. Diese wurde Ende des neunzehnten Jahrhunderts erbaut und 1944 während des Zweiten Weltkrieges zerstört. Nach dem Wiederaufbau konnte der Betrieb zur großen Freude der Frankfurter und der Bewohner der Nachbarstädte erneut aufgenommen werden. In der heutigen Zeit kann man hier, bei charmantem Ambiente, die köstlichsten Delikatessen aus den verschiedensten Ländern probieren. Einheimische statten der Kleinmarkthalle sehr regelmäßig einen Besuch ab und gehen hier immer wieder gerne auf Schnupper-Tour der leckeren Köstlichkeiten. Die Kleinmarkthalle hat sich zu einem geselligen Treffpunkt entwickelt, wo Jung und Alt in gemütlicher Atmosphäre aufeinandertreffen.

SKYLINE PLAZA

Die Skyline Plaza befindet sich im Stadtteil Gallus, in der Europa-Allee, und wurde am 29. August 2013 eröffnet. Es ist ein großes Einkaufszentrum mit 170 Läden auf einer Gesamtfläche von über 58.000 Quadratmetern. Es gibt auch ein dazugehöriges Parkhaus. Getrennt von der Skyline Plaza, jedoch auf dem gleichen Grundstück, befindet sich das Kongresshaus „Kap Europa". Dieses hatte erst im Mai 2014 seine Eröffnung. In der Skyline Plaza ist außerdem auch ein MeridianSpa mit Fitness- und Wellnessbereich. Die Eröffnung des Meridian-Spas erfolgte am 1. Februar 2014. Eine

Besonderheit dieses Gebäudes ist die Skyline Garden, eine frei zugängliche Dachterrasse von 7.300 Quadratmetern Größe, mit einer Grünanlage und einem etwas höher liegenden Aussichtsteil, von dem aus Sie bis zum Taunus blicken können.

Das Einkaufszentrum ist mit Straßenbahn, Bus und U-Bahn sehr leicht zu erreichen.

NORDWESTZENTRUM

Das Nordwestzentrum befindet sich seit 1968 als erstes Einkaufszentrum Frankfurts im Stadtteil Heddernheim, im Limescorso, mit 150 Geschäften unter einem Dach. Neben den Parkmöglichkeiten gibt es hier auch einen internen Busbahnhof mit mehreren Busverbindungen sowie eine eigene U-Bahn-Haltestelle, eigentlich schon ein Bahnhof.

Im Jahre 1987 wurde das Nordwestzentrum umgestaltet und im Jahre 2004 erweitert.

Von Anfang an waren am gleichen Standpunkt neben dem Einkaufszentrum auch die Feuerwehr/Rettungswache und das Polizeirevier. Diese sind 2017 von dort umgezogen. Anstelle der Feuerwache hat die Volkshochschule sich häuslich niedergelassen.

Auch mehrere Arztpraxen, eine Augentageskli-
nik, ein Kindergarten, eine Bücherei, ein Bürgerhaus
und ein Hallenbad befinden sich dort. Rund 1.200
Quadratmeter zählen allein zu dem Bereich der heiß
begehrten Erlebnisgastronomie. So muss kein Besucher hungrig nach Hause gehen. Für jeden Ge-
schmack findet sich hier ein leckeres Essen. Seit
2017 werden wieder Umbaumaßnahmen im Zentrum durchgeführt. Es wird um viele weitere Ge-
schäfte erweitert und sollte zum Ende der Umgestal-
tung dann das größte Einkaufszentrum Frankfurts
sein.

HESSEN-CENTER

Das Hessen-Center wurde 1971 im Stadtteil Bergen-
Enkheim in der Borsigallee eröffnet. Es ist ein drei-
geschossiger Bau mit 115 Geschäften auf einer Ge-
samt-Verkaufsfläche von 38.000 Quadratmetern. Somit ist das Hessen-Center das kleinste Einkaufszentrum der Stadt Frankfurt. Das Einkaufszentrum
wurde bereits 1980/1981 sowie 2008 erweitert und
1997/1998 renoviert. Es gibt sehr gute

Verkehrsanbindungen per U-Bahn oder Bus. Die Autobahnzufahrt befindet sich in unmittelbarer Nähe des Centers, was eine Anreise mit dem Auto ganz angenehm gestaltet. Selbstverständlich stehen auch Parkplätze zur Verfügung, auch für Fahrräder.

SEHENSWÜRDIG KEITEN

Im Zweiten Weltkrieg erlitt die Altstadt von Frankfurt a. M. durch Bombenanschläge und Luftangriffe radikale Schäden. Dennoch ist die Altstadt absolut sehenswert und ein Besuch ist vor allem nach der Restaurierung im Jahre 2018 nur zu empfehlen. Teil dieser wunderschönen Altstadt ist der für die Frankfurter als Wahrzeichen sehr wichtige Römer. Dieser ist seit dem 15. Jahrhundert das Rathaus der Stadt und gleichzeitig auch der Sitz des Oberbürgermeisters und der

Stadtvertreter. Der Römer besteht aus drei Gebäudeteilen und hat eine anschauliche, charakteristische Treppengiebelfassade. Auch diese Häuser blieben von den Angriffen im Zweiten Weltkrieg nicht verschont, es blieben nur die Fassade und das Erdgeschoss der Gebäude stehen. Heute befindet sich hinter der Fassade ein Neubau in Form eines Bürohauses, welches im Stil der 1950er Jahre gebaut wurde. Der Römerberg, der Rathausplatz, ist heute oft von Touristen besucht. Im Mittelalter war dies das Zentrum der Altstadt. In der Mitte des Römerbergs, früher Samstagsberg genannt, steht der erste Springbrunnen von Frankfurt, geschmückt von einer Justitia (Göttin der Gerechtigkeit) mit Waage und Schwert.

Nicht weit vom Römer entfernt steht die Paulskirche. Hier entstand die deutsche Demokratie, denn im Jahre 1848 wurde in der Paulskirche die erste demokratische Verfassung für Deutschland von der Nationalversammlung erschaffen. Eine komplette Zerstörung erfuhr die Paulskirche im Jahr 1944, einhundert und elf Jahre nach der Weihe. Der Wiederaufbau begann, kurz nachdem der Krieg zu Ende war. Eine erneute Weihe fand am 18. Mai 1948 statt.

Etwa 40 Jahre später wurde die Kirche renoviert.

In der heutigen Zeit finden in der Paulskirche Ausstellungen und andere Veranstaltungen

statt. Die Verleihung des Friedenspreises des Buchhandels und des Goethepreises der Stadt Frankfurt finden ebenfalls hier statt.

Architektonisch äußerst wertvoll ragt der 95 Meter hohe Kaiserdom St. Bartholomäus, eigentlich handelt es sich um eine Kathedrale, als Kontrast zu den modernen Häusern über der Stadt heraus. Der Bau begann im Jahre 1260 und wurde zuletzt, nach Großbrand und Kriegsschäden, 1948 fertig saniert. Wenn man gut zu Fuß ist, kann man 324 Stufen hochsteigen und dann das wundervolle Panorama bewundern, das sich einem bietet. Im Inneren des Doms befindet sich das Dommuseum. Unter anderem können Sie sich hier erstaunliche Funde aus einem Grab des 7. Jahrhunderts ansehen.

Früher wurden die deutschen Könige und die römischen Kaiser im Dom gewählt. Auch die Krönung der Herrscher und Adeligen fand hier statt.

Zu der damaligen Zeit galt Frankfurt als die Hauptstadt Deutschlands, obwohl später Bonn die Hauptstadt wurde.

Auch vom Maintower, ein 200 m hoher Wolkenkratzer, der in der Neuen Mainzer Straße in der Innenstadt steht, kann man entgeltlich von der Besucherterrasse die Aussicht über die Stadt bestaunen. Dieser Bau hat 56 Etagen und wurde 1999 fertiggestellt.

Die Skyline der Stadt ist bei vielen Besuchern das Highlight. Es gibt über 30 Hochhäuser mit über 100 Metern Höhe. Der höchste Bau ist der Frankfurter Fernmeldeturm, auch „Europaturm" genannt (Spitzname: Ginnheimer-Spargel, nach dem Stadtteil), im Ginnheimer Stadtweg mit 337,5 Metern Höhe. Es ist Deutschlands zweithöchstes freistehendes Bauwerk. Als höchstes Gebäude steht in Frankfurts Innenstadt, in der Großen Gallusstraße, der Commerzbank Tower. Dieser ist 259 Meter hoch und gilt als Deutschlands höchstes Gebäude.

Das berühmteste Hochhaus ist der 256,5 Meter hohe Messeturm in Frankfurt und befindet sich im Westend, in der Friedrich-Ebert-Anlage.

Von der Deutschherrenbrücke aus auf die Skyline schauend, möglichst noch an einem nebeligen Tag, erweckt es in dem Betrachter den Anschein, es handelt sich um eine Kollage, da sich die imposanten

Gebäude im Hintergrund mit den wesentlich älteren Häusern im Vordergrund vermischen. Das wirkt dann durchaus eher bilderbuchmäßig als reell. Gleichzeitig ist es ein atemberaubender schöner Anblick.

Eine weitere Sehenswürdigkeit ist die Hauptwache in der Innenstadt. Diese wurde ebenfalls im Zweiten Weltkrieg komplett zerstört. Im Jahre 1968 wurde es zunächst für den Bau des unterirdischen Bahnhofes abgebaut und danach originalgetreu wiederaufgebaut und neu eröffnet. Der Platz, an dem die Wache (ein barocker Bau) steht, wurde auch ihr gewidmet „An der Hauptwache" genannt, genauso wie die U- und S-Bahnstation „Bahnhof Hauptwache" genannt wurde. Früher wurde dieser Platz Schillerplatz genannt.

Dadurch, dass einige Sehenswürdigkeiten nahe beieinanderstehen, kann man viele von ihnen in kurzer Zeit besichtigen.

EISERNER STEG

Der Eiserner Steg ist eine Fußgängerbrücke, die über den Main führt. Sie liegt zwischen Altstadt und Sachsenhausen und existiert bereits seit 1868. Im Jahre 1912 wurde sie durch eine verbreiterte und verstärkte Konstruktion ersetzt und außerdem auch höher gelegt. Die Brücke hat an beiden Enden einen Fahrstuhl, um sie für Rollstuhlfahrer und Kinderwagen begehbar zu machen. Von dieser Brücke aus kann man einen atemberaubenden Blick auf die Skyline und das Museumsufer erhaschen. Der eiserne Steg ist ebenfalls beliebt bei Paaren, die bei diesem romantischen Anblick sogenannte Liebesschlösser an der Brücke anbringen. Es hängen angeblich 15.705 solcher Schlösser an der Liebesbrücke von Frankfurt, wie der Eiserne Steg unter Liebenden gerne genannt wird. Auf jeden Fall lohnt sich eine Stippvisite dorthin, sei es auch lediglich, um diese riesige Schlösser-Sammlung zu bestaunen.

KULTUR/MUSEEN

Frankfurt am Main ist außerdem auch die Heimatstadt des berühmten Dichters Johann Wolfgang von Goethe. Wer sich für Dichterei oder speziell für das Leben von Goethe interessiert, kann in Frankfurt das Goethe-Haus besichtigen. Das ist das Geburts- und Wohnhaus Goethes. Hierbei beträgt der reguläre Eintritt 7,00 €, ermäßigt (Schwerbehinderte, Arbeitslose) 3,00 €, ebenso für Studenten und für Schüler 1,50 €. Gruppen ab 11 Personen zahlen 5,00 € und ab 20 Personen 4,00 €. Familien mit Kindern (max. 2 Erwachsene) zahlen 10,00 € und Kinder bis 6 Jahre haben kostenlosen Eintritt. Hier ist zu beachten, dass das Goethe-Haus leider nicht für Rollstuhlfahrer und Kinderwagen geeignet ist.

Es befinden sich in Frankfurt viele äußerst interessante Museen, die meisten am Museumsufer, und zwar 15 Stück an der Zahl: das Deutsche Filminstitut & Filmmuseum, das Archäologische Museum, das Bibelhaus-Erlebnis-Museum, das Caricatura-Museum für komische Kunst, das Deutsche Architekturmuseum, das Dommuseum, das Historische Museum Frankfurt, das Ikonen-Museum, das Jüdische Museum, die Liebighaus-Skulpturensammlung, das

Museum für angewandte und moderne Kunst, das Museum für Kommunikation, das Städel-Museum, das Museum Giersch und das Weltkulturen-Museum.

Es ist sowohl in Deutschland als auch in Europa einer der angesehensten Standorte. Auch in anderen Stadtteilen Frankfurts findet man Museen, die einen Besuch wert sind.

Hierbei sehr erwähnenswert ist das Naturmuseum Senckenberg in der Senckenberganlage und das Experiminta in der Hamburger Allee, welches besonders für Jugendliche sehr spannend ist, da man dort viele Dinge selbst ausprobieren kann, wie in einem Mathematikum.

Jedes Jahr im Mai findet seit dem Jahr 2000 in Frankfurt die Nacht der Museen statt.

An diesem Event beteiligen sich etwa 50 Museen und Ausstellungshäuser Frankfurts und Umgebung (Offenbach, Eschborn). Interessierte Personen haben die Möglichkeit, bis 2.00 h nachts sämtliche Institutionen zu besuchen. Es finden spezielle Führungen, Lesungen, Workshops und vieles mehr statt. Das kulinarische Angebot lässt auch nichts zu wünschen übrig.

Das Angebot eines kostenlosen Shuttle-Busses rundet das einmalige Erlebnis ab.

ALTE OPER

Nahe der Hauptwache befindet sich am Opernplatz die Alte Oper, ein ehemaliges Opernhaus, gebaut 1880, das heute als Konzert- und Veranstaltungsort genutzt wird. Auch das Opernhaus wurde im Zweiten Weltkrieg stark beschädigt und wiederaufgebaut. Am 28. August 1981 eröffnete die Alte Oper erneut. Der Wiederaufbau wurde nur durch die Spenden ermöglicht, welche die daran interessierten Frankfurter fleißig organisierten.

So können wir auch in der Gegenwart einen originalgetreuen Nachbau aus der Gründerzeit mit großem, historischem Wert bewundern.

Heute kann man dort jährlich über 300 Theaterstücke, Konzerte und Opern auf nationaler und internationaler Ebene anschauen. Wann und welche Vorführungen laufen, kann man auf der Internetseite des Opernhauses nachschauen. Doch auch wenn man sich keine Vorstellung ansehen möchte, lohnt sich auf jeden Fall ein Blick auf das Äußere des

Gebäudes, was von der Konstruktion her einfach schön anzusehen ist.

PALMENGARTEN

Man sollte dem 22 Hektar großen Palmengarten in Frankfurt auf jeden Fall einen Besuch abstatten. Dieser wurde im Jahre 1871 eröffnet und befindet sich in der Bockenheimer Landstraße. Es handelt sich dabei um einen der größten dieser Art in Deutschland. Im Laufe der Jahre erfuhr der Palmengarten eine enorme Verwandlung. Zunächst bestand der Park aus wertvollen tropischen Baum- und Pflanzenbeständen. Später wurden große Pflanzenschauhäuser errichtet und es wurden neue Gartenbereiche für verschiedene sportliche Aktivitäten genutzt.

Die erste Eisbahn der Welt wurde im Palmengarten errichtet. Auch heutzutage finden hier die verschiedensten Veranstaltungen, Feste, Führungen, Literatur-Vorträge und Ähnliches statt. Mittlerweile sind viele verschiedene Themengärten angelegt und einige Gewächshäuser errichtet worden. Pflanzen- und Blumenliebhaber können eine faszinierende Vielfalt von etwa 13.000 subtropischen und tropischen Pflanzen und Blumen aus allen Kontinenten bestaunen. Der Palmengarten hat sich zu einem sehr beliebten Ausflugsziel für die ganze Familie entwickelt.

ZOOLOGISCHER GARTEN

Mindestens genauso beliebt bei Groß und Klein ist der im Jahre 1858 eröffnete und 11 Hektar große Frankfurter Zoo. Dieser befindet sich im östlichen Teil der Stadt, in der Bernhard-Grzimek-Allee. Sie finden hier etwa 4.500 Tiere und 450 verschiedene Tierarten in teilweise einzigartigen Tierhäusern.

Auch hier hat sich im Laufe der Jahre seit der Gründung vieles verändert. Es wurden nach und nach viele Bauten errichtet, das Grzimek-Haus, das Exotarium, das Giraffenhaus und vieles mehr.

Besonders bei schönem Wetter ist der Frankfurter Zoo überlaufen von den vielen Besuchern. Viele scheuen sich auch bei schlechtem Wetter nicht. Vor allen Dingen wer Kinder hat, weiß genau, es gibt kein falsches Wetter, nur falsche Kleidung.

PARKANLAGEN

Außer dem Palmengarten gibt es in Frankfurt zahlreiche, frei zugängliche Parkanlagen sowie Waldspielparks, die zur Erholung im Nahgebiet einladen.

Da ist zunächst der Bethmann Park – chinesischer Garten, grenzend an der Friedberger Landstraße. Durch seine Bauwerke im chinesischen Stil und die üppige Botanik ähnelt dieser Park einem Kurpark.

Zwischen dem Palmengarten und dem Botanischen Garten liegt der Grüneburgpark. Wie eine Kulisse angelegt sind hier riesige Rasenflächen und ein wunderschöner Baumbestand zu finden.

Einer der älteren Parks ist der Günthersburgpark im Nordend in der Wetteraustraße. Hier sind seltene exotische Bäume anzutreffen, wie Geweihbäume, Mammutbäume etc.

Mittelmeer-Flair empfängt den Besucher der Nizzagärten am Mainufer, nördlich zwischen der Untermain- und der Friedensbrücke. Hier herrscht ein mildes Mikroklima, welches von der geschützten Lage herrührt. Dadurch wachsen und gedeihen hier mediterrane Pflanzen, auch im Winter, die woanders nicht draußen überstehen würden.

In unmittelbarer Nähe der Eissporthalle, am Ratsweg, befindet sich der 32.16 Hektar großer Ostpark mit dem 4,2 Hektar großen Ostparkweiher. Es ist die zweitgrößte Parkanlage in Frankfurt, hier sind auch Sportanlagen vorhanden.

Der Rothschildpark im Westend im Reuter Weg mit seinen bronzenen Figuren und den alten Bäumen lädt zum Verweilen und Entspannen ein. Seinen Namen hat der Park von der Bankiers-Familie Rothschild, die hier ihren Palais bauen und die Parkanlage anlegen ließ.

Als größten städtischen Wald in Deutschland können wir den Stadtwald bezeichnen. Er umfasst rund 5.000 Hektar Fläche mit einem etwa 450 km langen Wegenetz und circa 80 km langen Reitwegen. Seit dem Jahre 1372 befindet sich der Stadtwald im Besitz der Stadt Frankfurt.

In Sachsenhausen-Nord ist der Waldspielpark Goetheturm angesiedelt. Bis 12.10.2017 stand hier ein 1931 erbauter hölzerner Kletterturm, der als Wahrzeichen der Stadt betrachtet wurde. Wenn man ganz hoch stieg, konnte man fast die ganze Stadt sehen. Leider fiel der Turm einem Brand zum Opfer. Zurzeit laufen die Pläne für einen Wiederaufbau auf

Hochtouren. Eine Bürgerinitiative hat bereits insgesamt über 200.000 Euro Spendengelder für den Wiederaufbau gesammelt.

Für die verschiedensten sportlichen Aktivitäten ist der in Fechenheim gelegene Waldspielpark Heinrich-Kraft in der Kilianstädter Straße absolut zu empfehlen. Hier kann man sowohl Mini-Golf als auch Tennis und Tischtennis spielen. Fußballer und Basketballer kommen genauso auf ihre Kosten wie Rollschuh- und BMX-Fahrer.

Wer Lust hat, den Grill anzuschmeißen, muss einfach etwas mitbringen. Der Grill sowie Tische und Bänke sind an Ort und Stelle.

Wer sich im Sommer etwas abkühlen möchte, besucht den in Oberrad im Sachsenhäuser Landwehrweg situierten Waldspielpark Scheerwald. Auch hier werden dem Besucher umfangreiche sportliche Aktivitäten ermöglicht. Grillplätze sind hier auch vorhanden.

Der Waldspielpark Schwanheim in der Schwanheimer Bahnstraße nahe der Bürostadt Niederrad rundet das Angebot an Naherholungsgebieten ab. Hier hat man ganz besonders im Sommer den Merkpunkt aufs Wasser gesetzt. Es befindet sich hier ein richtiger Wasserspielplatz. Außerdem gibt es auch hier die Möglichkeit zur sportlichen Betätigung, sei es Mini-Golf oder Tischtennis. Grillen ist hier ebenfalls möglich.

EISSPORTHALLE

Besonders für die Winterfreunde gibt es im östlichen Stadtteil Bornheim, am Bornheimer Hang, die am 19. Dezember 1981 eröffnete Frankfurter Eissporthalle.

Mit über 9.000 Quadratmetern Eisfläche finden hier Wintersportfreunde sowohl im Innen- als auch im Außenbereich, verteilt auf 4 Eisflächen, mehr als genug Platz, um ihre Runden auf den Schlittschuhen zu drehen. Es ist ein Schlittschuh-Verleih vorhanden. Auch Ihren größeren und kleineren Hunger können Sie im Cool Running (Gaststätte) stillen. Außerdem gibt es im Außenbereich noch eine Crêperie.

Geöffnet ist die Halle in der Zeit vom 31. August bis zum 30. April. Viele Schulklassen aus Frankfurt und Umgebung nutzen einen Ausflugstag zum Besuch der Eissporthalle.

Regulär zahlen Erwachsene 5,- € Eintritt in der

Nebensaison, in der Hauptsaison kostet der Eintritt 7,- €. Kinder und Jugendliche von 6 bis 17 Jahren zahlen 4,- € in der Nebensaison und 5,- € in der Hauptsaison. Als Nebensaison zählen die Vorsaison vom 31. August bis zum 04. Oktober sowie die Zwischensaisons vom 05. Oktober bis zum 01. November und vom 16. bis zum 29. März und die Nachsaison vom 30. März bis zum 19. April. Die Hauptsaison beginnt am 02. November und dauert bis zum 15. März.

Es gibt auch Elferkarten für 50,- € in der Nebensaison und 70,- € in der Hauptsaison für Erwachsene. Kinder und Jugendliche zahlen hierfür 40,- € beziehungsweise 50,- €.

Mehrere Vereine sind in der Eissporthalle Frankfurt beheimatet, am bekanntesten ist der Eishockey-Verein Löwen Frankfurt Eishockey e.V.

DIPPEMESS

Am Ratsweg, direkt auf dem Platz vor der Eissport-halle, findet jährlich, jeweils im Frühjahr und im Herbst, die berühmte Dippemess statt. Der Name stammt von dem Begriff Dippe, das ist Frankfurter Dialekt und steht für Töpfereien. Ursprünglich war dieses Fest im 14. Jahrhundert ein Jahrmarkt, auf dem überwiegend Haushaltswaren aus Keramik und Ton verkauft wurden. Nach und nach kamen dann immer mehr Karussells und Jahrmarkt-Buden dazu. Es entwickelte sich in erster Linie mehr zum Frei-zeitvergnügen für die Besucher.

Aktuell ist die Dippemess ein wirklich großer Rummelplatz mit vielen Fahrattraktionen, Festzelt, Lose-Verkaufs-Buden, Gastronomie-Angeboten und eben den Dippen, den Töpfereien, die immer noch ihren festen Platz in diesem Fest haben und belieb-ter denn je sind. Die Menschen kommen in Scharen zur Dippemess. Besonders bei schönem, trockenem Wetter ist es ein so großes Gedränge, dass man län-gere Zeit für die Fahrgeschäfte anstehen muss. Das hindert die vielen Menschen aber keinesfalls daran, täglich in Scharen auf der Dippemess zu erscheinen.

ZENTRALBIBLIOTHEK

Unweit vom Dom, in der Hasengasse, befindet sich seit dem Jahr 2007 Frankfurts Zentralbibliothek, auch wirklich sehr zentral gelegen. Bereits im Jahre 1845 wurde der erste Schritt für die spätere Bücherei eingeleitet, zunächst durch die Gründung einer Gesellschaft, später, im Jahr 1894, durch Gründung des Vereins „Freie Bibliothek und Lesehalle". Ziel dieses Vereins war die Aufklärung des Volkes.

Es wurden die ersten Lesehallen in verschiedenen Stadtteilen eingerichtet. Später folgte die Eröffnung einer Musikbibliothek im Jahr 1904 und die Gründung der ersten Kinderlesehalle 1909. Später schlossen sich die beiden Institutionen zur Städtischen Volksbücherei zusammen. Etwa 8.000 Bücher wurden in der Zeit des Nationalsozialismus als „Verbotene Medien" entfernt. Es gibt auf dem Römerberg eine Plakette im Kopfsteinpflaster, die an die Bücherverbrennung erinnern soll.

Im Jahre 1945 wurde die Volksbücherei größtenteils durch einen Bombenangriff zerstört.

Im Jahr 1969 wurde die Bücherei in Stadtbücherei umbenannt. Im Laufe der Jahre wurden etliche Schulbibliotheken eingerichtet. Deutschlandweit gab es den ersten Schulbibliothekar im Jahr 1974 in Frankfurt.

Seit 2003 wird nicht mehr der alteingesessene Zettelkatalog, sondern eine neu eingeführte Bibliothekssoftware für die Suche nach neuem Bestand genutzt. Seit dem Jahr 2012 beschäftigt die Zentralbibliothek mindestens 2 blinde oder sehbehinderte Mitarbeiter.

Aktuell gibt es in Frankfurt 18 öffentliche Bibliotheken, 99 Schulbibliotheken und eine Fahrbibliothek, die 30 Stationen anfährt. In den Bibliotheken finden regelmäßig verschiedene Events statt, wie Lesungen, Ausstellungen, Lesewettbewerbe usw.

Es gibt insgesamt 450 Mitarbeiter im Ehrenamt, welche die Büchereien verwalten und sich in jedem nötigen Bereich dort engagieren.

Zwischen 2004 und 2012 erhielt die Zentralbücherei verschiedene Auszeichnungen und Preise. Im Jahr 2018 wurde sie für die Schulbibliothekarische Arbeitsstelle zur Bibliothek des Jahres gewählt.

NACHTLEBEN

Hoch lebe das Nachtleben. Beliebter denn je ist der Stadtteil Sachsenhausen. Hier reihen sich die Lokale aneinander. Besonders idyllisch sind die verwinkelten Gässchen mit Kopfsteinpflaster. Man fühlt sich zurückversetzt in frühere Zeiten.

Das typische Nationalgetränk in Frankfurt ist der „Eppelwoi", Frankfurter Dialekt für Apfelwein. Den bekommt man hier an allen Ecken. Dazu kann man beim Brezelmann, dem man fast immer begegnet, eine Brezel oder eine Käsestange kaufen. Nun ist Eppelwoi nicht gleich Eppelwoi. Ein Insidertipp für wirklich guten Eppelwoi ist das seit 1931 bestehende rustikale Wagners in der Schweizer Straße. Hier ist täglich ab 11.00 h geöffnet. Es gibt typische Frankfurter Spezialitäten wie Handkäs mit Musik, deftige Gerichte mit Frankfurter Grüner Soße und eben den besten „Eppelwoi" im „Bembel" (dickbauchige Kanne aus Steinzeug). Man wird mit einer täglich wechselnden Tageskarte kulinarisch verwöhnt und das zu einem absolut angenehmen Preis.

Einen der besten Clubs in Frankfurt, die Batschkapp, finden Sie in der Gwinnerstrasse im Stadtteil Seckbach. Die Batschkapp (der Name bedeutet

Schiebermütze, Frankfurter Dialekt) wurde 1976 gegründet. Das war damals in den Räumlichkeiten der ehemaligen Metropol-Lichtspiele, einem Stadtteil-Kino in der Maybachstr. 24 im Stadtteil Escherheim. 450 Sitzplätze waren dort verfügbar. Unter anderem wurden in den ersten Jahren auch Theateraufführungen geboten. Im August 1994 fand dort die zweitägige Technoparty Tunel Rave statt. Es gibt eine Jubiläumschronik in Heftform, die von der Batschkapp im Jahre 1996 anlässlich des 20-jährigen Jubiläums herausgegeben wurde. Beim 30-jährigen Bestehen des Clubs brachte dieser eine Doppel-CD heraus, 30 Jahre Hörgenuss der seit Bestehen des Clubs dort aufgetretenen Bands.

Seit Dezember 2013 ist der Sitz des Clubs unter der heutigen Adresse in Seckbach zu finden. Es gibt einen 45-minütigen Dokumentarfilm über die Batschkapp mit dem Titel „Ein Musikclub wird erwachsen".

Im März des Jahres 2012 erhielt die Batschkapp als bester Club des Jahres den „Live-Entertainment Award", einen deutschen Veranstalterpreis.

Regelmäßig finden in der Batschkapp Konzerte, Clubnächte und Themen-Partys statt. Aktuell finden

Sie das Programm auf der Homepage unter Veranstaltungen. Sie können Tickets und Konzertkarten für die Events in der Batschkapp auch online im Vorverkauf erwerben.

STADTBESICHTIGUNGS MÖGLICHKEITEN

Es gibt die Möglichkeit, einen qualifizierten Gästeführer zu buchen. Dieser begleitet eine Gruppe bei einem klassischen Stadtrundgang und ermöglicht so eine der besten Arten, die meisten Sehenswürdigkeiten hautnah zu entdecken. Diese Führungen finden überwiegend in deutscher oder englischer Sprache statt. Alternativ kann man auch andere Sprachen anfragen. Der Rundgang dauert jeweils eineinhalb Stunden und muss in jedem Fall vorher gebucht werden. Die Kosten hier belaufen sich auf 12,72 € pro Person.

Wie in vielen europäischen Metropolen, so gibt es auch in Frankfurt die Möglichkeit, eine Stadtrundfahrt im Doppeldeckerbus zu buchen. Dies kann man sogar online tätigen. Der Bus fährt mehrmals pro Stunde. Es gibt insgesamt 15 Haltestellen. Über

Kopfhörer bekommt man Informationen über die Stadt in verschiedenen Sprachen. Der Preis pro Person beträgt hier 14,90 €.

Eine immer beliebter werdende Art, die Stadt zu erkunden, ist die durch eine Schiffsrundfahrt. Man kann die Ruhe auf dem Wasser friedlich und entspannt genießen und bekommt auch hier Informationen in verschiedenen Sprachen. Dazu kommt, dass es hier möglich ist, vom Gastronomie-Angebot Gebrauch zu machen. Bei diesen Rundfahrten gibt es verschiedene Zeitangebote und dementsprechend auch verschiedene Preismodelle. Es beginnt beispielsweise bei einer 50-minütigen Rundfahrt. Die Kosten hierfür belaufen sich für Erwachsene auf 9,90 € pro Person, Kinder (6-14 Jahre) zahlen 5,70 € und ein Familienticket kostet 26,90 € (2 Erwachsene mit 2-3 Kinder 6-14 Jahre).

Es gibt noch die verschiedensten individuellen Führungen, zum Beispiel kulinarische Stadtführungen, Weihnachtsmarkt-Rundgang, offene Führung im Geldmuseum, Führung durch die Alte Oper oder eine Abendführung im Exotarium.

Wenn man abenteuerlich ist, bietet sich auch die Möglichkeit, die Stadt auf eigene Faust zu erkunden.

Es gibt die Frankfurt-Card, das ist ein RMV-Kombi-Ticket, mit dem man bis zu 50 % vom regulären Preis bei Führungen, Fahrten mit öffentlichen Verkehrsmitteln sowie Eintrittspreisen von Museen und anderen Attraktionen sparen kann. Die Karte gibt es als Tageskarte für 11,- € oder als 2-Tageskarte für 16,- € je Person. Für Gruppen von maximal 5 Personen kostet eine Tageskarte 23,- € und eine 2-Tageskarte 33,- €.

Noch eine absolut urige Methode, Eppelwoi zu probieren und gleichzeitig die Stadt zu besichtigen in Form einer Sightseeingtour, ist die Fahrt mit dem Eppelwoi-Express. Dabei handelt es sich um eine kleine Tram-Bahn, die durch Frankfurt fährt und den Passagieren während der Fahrt, außer der Aussicht auf alles Sehenswerte (mit akustischem Reiseführer) Eppelwoi oder Apfelsaft sowie Brezeln und Musik bietet. Das Ganze geht eine Stunde lang und ist ein absolutes Muss bei einem Besuch der Stadt. Der Preis für Erwachsene beträgt 8,- € pro Person, ermäßigt kostet es 3,- €. Der Preis beinhaltet außer der Fahrt noch eine Flasche Apfelwein, Apfelsaft oder Mineralwasser und einen Beutel Brezeln. Es gibt circa 30 Haltestellen, an denen man zusteigen kann.

Anfang und Ende ist jeweils am Zoo. Es besteht auch die Möglichkeit, die Tram für private Events zu mieten.

ÜBERNACHTUNG

Mit einer Bestpreisgarantie bieten sich in Frankfurt die A&O Hostels zum kleinen Preis an. Das A&O Hostel an der Galluswarte liegt direkt an der S-Bahn-Station und nicht weit entfernt vom Frankfurter Hauptbahnhof, wodurch sehr gute Verkehrsverbindungen ins gesamte Stadtgebiet vorhanden sind. Das A&O im Frankfurter Ostend befindet sich lediglich 4 km entfernt vom Stadtzentrum und begrüßt seine Gäste mit neuem, frischem Flair. Es gibt hier Privatzimmer mit eigener Dusche und WC. Sie können täglich ein vielfältiges Frühstücksbuffet genießen und sich im

Aufenthaltsraum mit Billard und Tischkicker betätigen.

Durch die zentrale Lage beider Häuser können Sie problemlos die umliegenden Sehenswürdigkeiten besichtigen. Ebenso können Sie das Nachtleben genießen.

Beide Häuser bieten den Kunden mehrere äußerst attraktive Vorteile:

- Kostenloses WLAN
- Zentrale Lage nahe öffentlicher Verkehrsmittel
- günstige Preise, ab 12,- € pro Übernachtung
- Gruppenrabatte
- Haustierfreundlich
- 24-Stunden-Service
- Snake-Bar
- Gästeküche
- Waschküche

Wenn sich jemand ein luxuriöses Hotel gönnen möchte, ist eine der ersten zu empfehlenden Adressen das Grandhotel Hessischer Hof in der Friedrich-Ebert-Anlage.

Dieses 67-jährige Hotel besticht absolut durch

seine Eleganz. Es handelt sich dabei um ein 5-Sterne-Hotel mit hoteleigenem Restaurant und Wellnessbereich. Die Inneneinrichtung ist purer Luxus, sowohl das Mobiliar als auch die Gemälde. Der Komfort der Zimmer wie auch der weiteren Bereiche sowie der Service und das Essen lassen keine Wünsche offen. Für Gäste, die mit dem Auto anreisen, ist eine Garage vorhanden. Das Grandhotel Hessischer Hof ist verkehrsgünstig gelegen, sehr nah zu den öffentlichen Verkehrsmitteln. So kann man auch, wenn man hier übernachtet, die Stadt genießen, unabhängig davon, ob tagsüber oder nachts.

Das Ganze kann mit dem stolzen Preis von 1.118,- € pro Nacht zu Buche schlagen.

SPEISEN / GETRÄNKE

Traditionelle Speisen und Getränke in Frankfurt sind Apfelwein, Frankfurter Würstchen, Bethmännchen – Gebäckspezialität aus Marzipanteig und gemahlenen Mandeln –, Frankfurter Kranz – ringförmige Buttercremetorte mit Biskuitmasse und mit Krokant bestreut –, Frankfurter Rippchen – meist mit Kartoffelpüree serviert –, Maultaschen – verschieden gefüllte Nudelteigtaschen –, Weißwurst und Brezel, Handkäs mit Musik – ein Sauermilchkäse mit Marinade aus Essig, Zwiebel, Salz, Pfeffer und Öl –, Grüne Soße mit Pellkartoffeln und Eiern sowie die Ahle Worscht.

Außer, wie zuvor bereits erwähnt bei Wagners

in der Schweizer Straße, bekommt man typische Frankfurter Gerichte in nettem Ambiente im Restaurant Klosterhof in der Weißfrauenstraße und in der Frankfurter Küche in der Hanauer Landstraße. Es gibt noch viele andere Gaststätten, wobei es da teilweise geteilte Meinungen über die Qualität gibt. Mein Motto ist: Einfach drauflos und probieren. Dabei kann man echt super Erfahrungen machen.

GESUNDHEIT

I n Frankfurt ist eine Reihe von Krankenhäusern und Kliniken angesiedelt. Zunächst das *Universitätsklinikum Frankfurt der Johann Wolfgang-Goethe-Universität*. Dieses befindet sich im Theodor-Stern-Kai und erstreckt sich mit Nebengebäuden über die Stadtteile Niederrad und Sachsenhausen-Nord mit einem Gesamtareal von 460.000 Quadratmetern. Das Klinikum existiert solange wie die Universität, nämlich seit dem Jahre 1914. Aktuell sind hier 25 Medizinische Kliniken und 25 Forschungsstationen untergebracht. Es gibt rund 1.497 Krankenbetten. Jahrelang kamen immer wieder neue

Gebäude hinzu. Manche Kliniken befinden sich nicht auf dem Hauptgelände, sondern in der näheren Umgebung, zum Beispiel die Orthopädische Universitätsklinik Friedrichsheim oder das Institut für Neuroradiologie sowie die Klinik für Psychiatrie, Psychosomatik und Psychotherapie.

Das evangelische Belegkrankenhaus *Agaplesion Bethanien-Krankenhaus* ist im Stadtteil Bornheim im Prüfling und wurde im Jahre 1908 eröffnet. Es ist ein 8.400 Quadratmeter großes Anwesen und verfügt über 245 Krankenbetten. Im Jahre 1913 erreichte das Bethanien-Krankenhaus hohen Bekanntheitsgrad über Frankfurt hinaus, bedingt durch die damalige seltene Radiologie und die anerkannte Krankenpflegeschule. Während der Kriegszeit wurde das Krankenhaus mehrere Male zum Militärlazarett deklariert. Zurzeit werden dort Patienten in den verschiedensten Fachrichtungen behandelt. Ferner hat man dort die Möglichkeit, eine Ausbildung zum Gesundheits- und Krankenpfleger und zum Anästhesietechnischen sowie Operationstechnischen Assistenten zu machen.

In der Grenze vom Stadtteil Bockenheim zum Ginnheimer Stadtteil in der Wilhelm-Eppstein-

Straße erstreckt sich das im Jahre 1881 eröffnete *Agaplesion Markus Krankenhaus*. Das damalige Gebäude wurde bei einem Luftangriff während des Zweiten Weltkriegs am 08. Februar 1944 komplett zerstört. 1958 wurde es neu erbaut und seitdem immer wieder vergrößert durch An- oder Ausbauten. Aktuell werden Patienten in 12 Fachbereichen und 4 Instituten behandelt, es sind rund 700 Krankenbetten vorhanden. Auch hier hat man Ausbildungsmöglichkeiten in verschiedenen Berufen.

Im Ortsteil Seckbach in der Friedberger Landstraße befindet sich seit der Eröffnung 1962 die *BG Unfallklinik*, eine der neun berufsgenossenschaftlichen Akutkliniken in Deutschland. In erster Linie zählt diese Klinik zum Erstversorger bei Arbeits- und Wegeunfällen.

Unabhängig davon werden dort Schwerstverletzte jeglicher Richtungen versorgt und behandelt. 390 Krankenbetten verteilen sich auf 11 Fachabteilungen. Der Rettungshubschrauber Christoph 2 hat seinen Standort bei der BG Unfallklinik. Außer den Fachabteilungen und den Spezialambulanzen siedelte sich dort auch ein BG Service- und Rehabilitationszentrum an.

In der Nähe der Nationalbibliothek um Nordend-West befindet sich in der Nibelungenallee das 1779 eröffnete *Bürgerhospital*, somit eines der ältesten Krankenhäuser Frankfurts. Urkundlich erwähnt wurde es bereits im Jahre 1267. Auch dieses Krankenhaus wurde im Zweiten Weltkrieg stark beschädigt und zu einem späteren Zeitpunkt mühselig saniert. Die finanziellen Mittel haben gefehlt.

Aktuell kommen im Bürgerhospital deutschlandweit die meisten Babys auf die Welt. Es gibt hier eine Neugeborenen-Intensiv-Station. Die Frauenklinik ist hier spezialisiert auf die Versorgung bei Mehrlingsgeburten. Es gibt rund 320 Krankenbetten.

Im Jahre 1845 wurde das *Clementinen-Kinder-Krankenhaus* eröffnet. Es ist im Osten der Stadt, nahe dem Zoo, in der Theobald-Christ-Straße situiert. Die Straße wurde nach dem Stifter des Krankenhauses benannt, der hilfsbedürftigen, armen Kindern mit dem Bau helfen wollte. Aktuell ist das Clementinen-Kinder-Krankenhaus dem Bürgerhospital angeschlossen und verfügt über 79 Krankenbetten in 2 Fachabteilungen. Außer der Versorgung der Kinder und Jugendlichen bietet es auch Übernachtungs- und

Verpflegungsmöglichkeiten für Eltern, was für die Heilung der Kinder vorteilhaft ist.

In der Innenstadt Frankfurts, in der Lange Straße, befindet sich das älteste Krankenhaus der Stadt. Die älteste Erwähnung des *Heilig-Geist-Krankenhauses* wird auf das Jahr 1267 datiert. Zu dieser Zeit durften arme Menschen oft noch im Krankenhaus bleiben, wenn sie bereits geheilt waren. Im März 1944 wurde das Krankenhaus durch Bomben stark beschädigt. Bis 1950 konnte das Krankenhaus wiederaufgebaut und neu eröffnet werden. Heutzutage hat das Heilig-Geist-Krankenhaus 276 Krankenbetten und 50 Behandlungsplätze in der Tagesklinik. Durch die zentrale Lage des Krankenhauses ist dieses auch eine Haupt-Anlaufstelle der Notfallmedizin.

Im Zentrum der Stadt, in der Scheffelstraße, steht seit über 100 Jahren die Klinik *Maingau vom Roten Kreuz*. Die Klinik ist spezialisiert auf Innere Medizin, die Patienten können hier nach einem stationären Aufenthalt auch ambulant vom behandelnden Arzt weiter betreut werden. Das Krankenhaus verfügt über ein Schlaflabor und über ein Zentrum für Palliativmedizin.

Direkt am Zoo liegt die 150 Jahre alte *Klinik*

Rotes Kreuz. Die Klinik ist spezialisiert im Bereich der Herz- und Gefäßerkrankungen. Aktuell gibt es hier 234 Betten auf 7 Fachabteilungen verteilt. Es gibt hier die Chest Pain Unit, das ist eine Abteilung, die rund um die Uhr Untersuchungen wie EKG, Ultraschall, Computertomographie, Laboruntersuchungen und Weiteres sowie eine spezialisierte Versorgung der Patienten ermöglicht.

Im Stadtteil Höchst erstreckt sich das *Klinikum Höchst* von der Gotenstraße bis zur Hospitalstraße. Das Klinikum besteht seit rund 161 Jahren. Es besteht aus 25 Fachabteilungen mit Intensivstation und Neugeborenen-Intensivstation und 859 Krankenbetten. Hier ist das größte Kinderbehandlungszentrum der Region angesiedelt, zu dem verschiedene Fachkliniken gehören.

Das *Krankenhaus Nordwest* nahe der Nordweststadt wurde im Jahre 1963 eröffnet. Es beinhaltet 11 Fachdisziplinen und 6 Instituten mit 582 Betten. Es gehört zu den moderneren Krankenhäusern in Frankfurt und wurde dieses Jahr ausgezeichnet als einer der besten Kliniken in Hessen und Deutschland. Das Onkologische Zentrum ist von überregionaler Bedeutung. Die fachliche Kompetenz der verschiedenen Behandlungszentren des Krankenhauses Nordwest wird hier großgeschrieben.

Im Stadtteil Sachsenhausen, in der Schulstraße, befindet sich der Sitz des 1948 wieder eröffneten *Krankenhauses Sachsenhausen.* Es war ursprünglich 1895 als erste Diabetes-Klinik Europas gegründet und durch den Krieg später leider zerstört worden. Zunächst verfügte das Krankenhaus über 160 Krankenbetten, mittlerweile sind es 211 in 7 Fachabteilungen. Unter anderem die berüchtigte Adipositas-Station, wo stark übergewichtige Menschen wirkliche Hilfe erhalten, ist hier von Bedeutung.

SCHWIMMBÄDER

PANORAMABAD BORNHEIM

In Frankfurt gibt es drei Erlebnisbäder, drei Hallenbäder und sieben Freibäder.

Das *Panoramabad Bornheim* befindet sich, wie der Name bereits verrät, im Stadtteil Bornheim in der Inheidener Straße. Es wurde 1970 als Bezirksbad eröffnet und 20 Jahre später zum *Panoramabad* umgebaut. Es handelt sich um ein Erlebnisbad. Es gibt eine zweistöckige abwechslungsreiche Sauna mit beispielsweise einem Sternenhimmel und wechselnden Lichtern. Zur Entspannung stehen grüne Ruhebereiche zur Verfügung. Neben Massagen werden auch Schwimmkurse und Aquajogging angeboten. Der Schwimmbad-Bereich besteht aus etwa

1.000 Quadratmetern Wasserfläche mit Innen- und Außenbecken. In die Schwimmhalle fällt viel Tageslicht herein und man hat einen herrlichen Ausblick. Es gibt sowohl ein Nichtschwimmerbecken als auch ein Planschbecken für die ganz Kleinen. Wer es besonders gemütlich mag, wird sich wahrscheinlich für die Warmliegemulden und Whirlpools begeistern können. Wer etwas Action möchte, ist genau richtig auf der spiralförmigen Riesenrutsche.

Die Öffnungszeiten des Panoramabades sind:
Samstag und Sonntag von 8.00 h bis 22.00 h
Montag 6.30 h bis 20.00 h
Mittwoch 6.30 h bis 19.00 h
Donnerstag und Freitag von 6.30 h bis 22.00 h
Dienstag ist Ruhetag.

REBSTOCKBAD

Das größte Erlebnisbad in Frankfurt ist das im Jahre 1982 eröffnete *Rebstockbad*. Es ist im Rebstockgelände, einem ehemaligen Flughafen, in der Straße Am Rebstock Nr. 7 situiert. In diesem großzügigen Erlebnisbad, eines der ersten in Deutschland und das größte in der Umgebung, kommen sowohl die Kleinsten als auch unsere Senioren in den dafür vorgesehenen Plansch- und Bewegungsbecken auf ihre Kosten. Behinderte Menschen haben hier ebenso die Möglichkeit, in dem separaten Becken ihrem Bewegungsdrang nachzugehen. Aktive Schwimmer können sich im 25 Meter langen Schwimmerbecken, in der Röhrenbahn „Black Hole" (eine ganz besondere Attraktion) oder auf der 120 Meter langen Riesenrutsche austoben.

Auch ein Fitnessraum steht zur Verfügung. Entspannung findet man hier in der Textilsauna und den Vulkan-Whirlpools oder man lässt sich massieren. Im Außengelände befinden sich neben dem Planschbecken ein Wellenbad-Strand mit Beachvolleyballfeld und ein Kinderspielplatz. Ein Aufenthalt in diesem Erlebnisbad unter tropischen Palmen bedeutet Urlaubsfeeling pur.

Die Öffnungszeiten des Rebstockbads sind:

Samstag 9.00 h bis 22.00 h

Sonntag 9.00 h bis 20.00 h

Montag 14.00 h bis 22.00 h

Dienstag bis Freitag 6.30 h bis 22.00 h

BRENTANOBAD

Das größte Freibad in Frankfurt befindet sich im Stadtteil Rödelheim im Rödelheimer Parkweg und heißt *Brentanobad. E*s wurde im Jahr 1930 eröffnet und ist nicht nur das größte Freibad Frankfurts, sondern ganz Europas. In den 60er Jahren wurde das *Brentanobad* umgebaut. Das Becken und die komplette Wassertechnik wurden 2005 gründlich saniert. Erst ab diesem Zeitpunkt verfügte das Bad über einen Anschluss an das Wasser-Versorgungsnetz. Da in diesem Bad das Wasser unbeheizt ist, finden die Besucher selbst an sehr heißen Sommertagen eine willkommene Abkühlung. Täglich hat das Freibad rund 13.000 Badegäste. Das Becken ist 220 Meter lang, 50 Meter breit, hat eine Fläche von 11.000 Quadratmetern und ist mit dieser Fläche das größte Beckenbad Deutschlands. Der Schwimmer-

Bereich ist 125 Meter lang. Der Anfang des Schwimmbetriebs hängt immer vom aktuellen Wetter ab, im Durchschnitt jedoch eröffnet das Freibad um den 1. Mai herum und schließt um den 31. August. Abgesehen von diesen beiden Becken gibt es außerdem noch eine große Liegewiese, ein Planschbecken sowie ein Kinderspielplatz.

Für die Sportbegeisterten unter den Badegästen gibt es drei Beachvolleyball-Felder und weitere Sportflächen. Die Film-Fans können ihrem Hobby im Open-Air-Kino auf dem Gelände nachgehen. Nach dem Schwimmen und Volleyballspielen können Sie sich etwas von dem dortigen Kiosk holen und sich in dem Biergarten entspannen. Für besonders heiße Tage können Sie sich mit einer Kugel italienischem Eis aus dem Eisverkaufswagen abkühlen. Wer ungern auf der Wiese liegt, für den gibt es Strandkörbe zum Anmieten, für 5 Stunden bezahlt man 6 € und für den ganzen Tag 10 €.

Die Öffnungszeiten des *Brentanobades* sind: Samstag und Sonntag 9.00 h bis 20.00 h und Montag bis Freitag 10.00 h bis 20.00 h.

TITUS THERMEN

Wie bereits erwähnt gibt es in dem Einkaufszentrum „Nordwestzentrum" ein Schwimmbad. Die Anfahrtsadresse lautet Walter-Möller-Platz 2 im Stadtteil Heddernheim. Es wurde 1992 eröffnet. Seit Eröffnung des Nordwest-Zentrums im Jahre 1968 war es lediglich ein simples Hallenbad. Es ist nicht sehr leicht zu finden, da erstens die Parkhauszufahrt leicht zu übersehen ist und es zweitens an Beschilderungen zum Schwimmbad mangelt. Bei diesem Erlebnisbad handelt es sich um die, nach einem römischen Kaiser benannten, *Titus Thermen.* Es ist vom Ambiente her das schönste Schwimmbad in Frankfurt und sehr gut in Schuss, denn es wurde 2007 renoviert.

Das Erlebnisbad ist aufgeteilt auf drei Etagen. Die Sauna-Etage bietet angefangen beim Venus-Dampfbad mit 45°C bis zur Tiberius-Sauna mit 100°C alles, was nötig ist, um abschalten zu können. Der Beckenbereich besteht aus Sportbecken (5 Bahnen mit je 25 Metern Länge, Sprungbretter), Sprudelbecken, (Whirlpool mit normaler Wassertemperatur), zwei Warmwasser-Whirlpools, Erlebnis-Becken mit Wasserorgel und Massagedüsen,

Strömungskanal, einer 43 Meter langen Rutsche (keine Besonderheit) mit darunter liegendem Erlebnis-Becken und einer Grotte mit stimmungsvollem Licht.

Es gibt auch einen kleinen Kinderbereich und in der unteren Etage gibt es ein Fitnessstudio. Durch die tropische Begrünung und die Felsenlandschaft entsteht in diesem Bad reines Urlaubs-Feeling. Es werden verschiedene Kurse angeboten. Kinder haben die Möglichkeit, im oberen Bereich bei schönem Ausblick über das Schwimmbad ihren Geburtstag zu feiern. Der Gastronomie-Bereich, passend im Stil gestaltet, wirkt sehr einladend.

Die Öffnungszeiten der *Titus-Thermen* sind:
Montag bis Samstag 9.00 h bis 22.00 h
Sonntag 9.00 h bis 20.00 h

FREIBAD ESCHERSHEIM

Im Stadtteil Eschersheim, im Alexander-Riese-Weg, befindet sich seit dem Ende des Ersten Weltkrieges das *Freibad Eschersheim*. Zunächst war es noch ein Flussbad, wurde dann bis zum Jahre 1971 zum Beckenbad umgebaut. Hier findet man als beliebteste Attraktion des Bades die breiteste Wasserrutschbahn von ganz Europa (30 Meter breit) und die größte Wasserspielanlage von Frankfurt.

Außer einem Schwimmer- und Nichtschwimmerbecken gibt es auch ein Planschbecken für die kleinen Gäste. Diese finden Abwechslung auf der Spielwiese und dem schattigen Kinderspielplatz. Wer sich sportlich betätigen möchte, kann dies gerne auf der großen Sportfläche beim Fußball, Beachvolleyball oder Tischtennis spielen tun. Die Sommergäste können sich von Mai bis September im 142 Meter langen Becken austoben. Besonders an heißen Sommertagen bietet das ungeheizte Wasser des Beckens eine willkommene Erfrischung. Für 6,- € je 5 Stunden oder 10,- € für einen Tag kann man einen Strandkorb zum Relaxen anmieten.

Wer Hunger oder Durst hat, kann dem beim vorhandenen Kiosk Abhilfe verschaffen. Das Freibad ist mit Bus und Bahn erreichbar. Parkmöglichkeiten gibt es vor Ort ebenfalls.

Die Öffnungszeiten des *Freibades Eschersheims* sind:
Samstag und Sonntag 9.00 h bis 20.00 h
Montag bis Freitag 10.00 h bis 20.00 h
In den Sommerferien ist das Schwimmbad täglich von 9.00 h bis 20.00 h geöffnet. An Feiertagen gelten andere Öffnungszeiten.

FREIBAD HAUSEN

Das *Freibad Hausen* befindet sich im Stadtteil Hausen in der Ludwig-Landmann-Straße. Zu Beginn, im Jahre 1904, war es ein Flussbad, bis es 1961 zum Beckenbad ausgebaut wurde. Viel später, im Jahre 2009, wurde es komplett saniert und feierte seine Wiedereröffnung im April 2011.

Es gibt hier ein Schwimmer- und ein Nichtschwimmerbecken. Viele Bäume bieten ein schattiges Plätzchen zum Entspannen, wenn man genug vom Sonnen hat. Wer bereits im April ein Freibad aufsuchen möchte, findet hier die Gelegenheit dazu, denn es ist das Einzige in Frankfurt, welches bereits im April seine Pforten öffnet. Das Wasser hat eine wohlige Temperatur von 26°C. So ist das Schwimmen auch bei kühlerem Wetter recht angenehm. Für Kinder steht außer einem Planschbecken noch ein Spielplatz zur Verfügung. Es werden regelmäßig Wassergymnastik- und Fitnesskurse für Jung und Alt angeboten. Ein Schwimmbad-Kiosk rundet das Angebot des Freibades für die ganze Familie ab. Es ist sowohl per Bus als auch per U-Bahn erreichbar.

Die Öffnungszeiten des *Freibades Hausens* sind: Täglich von Montag bis Sonntag 6.30 h bis 20.00 h, bei gutem Wetter kann es bis 22.00 h geöffnet bleiben.

FREIBAD NIEDER-ESCHBACH

Im Stadtteil Nieder-Eschbach, in der Heinrich-Becker-Straße, befindet sich das *Freibad Nieder-Eschbach,* eingeweiht im Juli 1930. Das Wasser kam direkt von der Quelle an den Reedbergen, so nannte sich das Schwimmbad damals „Quellwasser-Schwimmbad". Ein kompletter Umbau des Freibades fand Ende der sechziger Jahre statt. Die Neueröffnung war am 15. Mai des Jahres 1969.

In der Gegenwart findet sich im *Freibad Nieder-Eschbach* ein solar beheiztes Schwimmer- und Nichtschwimmerbecken mit Sprungbrett und Plattform. Hinzu kommt noch ein Kinder-Planschbecken mit Wasserdüsen. Beschäftigung und Spaß für die Kinder bieten die Spielwiese, der Kinderspielplatz und die Schlangenrutsche. Zur Unterhaltung für alle gibt es ein Beachvolleyballfeld, ein Basketballkorb, eine Boccia-Bahn, Tischtennisplatten und Freiluftschach. Schattige Plätze auf der Liegewiese laden zum Entspannen ein.

Der Freibad-Kiosk bietet Snacks für den kleinen Hunger und Getränke zur Erfrischung.

Die Öffnungszeiten des *Freibades Nieder-Eschbach* sind:
Montag bis Sonntag täglich, jeweils von 10.00 h bis 20.00 h

FREIBAD SILO

Das älteste beheizte Freibad in Frankfurt ist das im Stadtteil Unterliederbach, in der Hunsrückstraße situiert, *Freibad Silo*. Es wurde im Jahre 1956 von der Firma Höchst AG gebaut. Ein Sportbecken (50 Meter lang) mit Sprungbrettern ist ebenso verfügbar wie ein Nichtschwimmerbecken mit Massagedüsen und einer breiten Rutschbahn. Auf ihre Kosten kommen die kleinen Gäste beim Toben im Planschbecken sowie beim Spielen auf der Spielwiese und auf dem Kinderspielplatz. Für sportlich aktive Besucher gibt es Sportflächen mit Tischtennisplatten und einem Beachvolleyballfeld. Es besteht auch die Möglichkeit, Minigolf zu spielen (kostenpflichtig). Ein umfangreiches Kursprogramm wird im *Freibad Silo* geboten. Wer seinen Hunger stillen und seinen Durst löschen möchte, kann dies auf der schattigen Terrasse des Schwimmbad-Bistros tun.

Die Öffnungszeiten des *Freibads Silo* sind:
Montag bis Sonntag täglich, jeweils von 7.00 h bis 20.00 h

FREIBAD STADIONBAD

Ein anderes Schwimmbad, welches einen Besuch wert ist, ist das im Jahre 1925 eröffnete *Freibad Stadion*. Es wurde ursprünglich als Olympia-Wettkampfstätte gebaut. Das Schwimmbad besteht aus fünf verschiedenen Becken, einem Sportbecken (50 m), einem Nichtschwimmerbecken, einem Aqua-Fun-Planschbecken, einem einmaligen und weit bekannten Sprungbecken mit 1- und 3-m-Sprungbrett und 5-, 7,5- und 10-m-Plattform sowie einem Erlebnis-Becken mit Wasserfall, Breitrutschen, Strömungskanal und Wasserkanone als ganz besondere Attraktion. Dazu gibt es noch eine 118 Meter lange Rutschbahn als Spaß-Faktor. Seit der Grundsanierung im Jahre 1987 ist das *Freibad Stadion* zum Spaßbad geworden. Es ist sehr beliebt bei Groß und Klein.

Eine Boccia-Bahn sowie Tischtennis-Platten laden zu sportlicher Betätigung ein.

Zum Relaxen besteht die Möglichkeit, einen Strandkorb zum Preis von 6,- € für je 5 Stunden oder 10,- € für den ganzen Tag anzumieten.

Am Schwimmbad-Kiosk kann man Snacks und Getränke käuflich erwerben.

Mit der S-Bahn ist das Schwimmbad sehr leicht zu erreichen.

Die Öffnungszeiten des Freibads Stadion sind: Montag bis Sonntag, täglich jeweils von 7.00 h bis 20.00 h

FREI- UND HALLENBAD RIEDBAD

Das *Frei- und Hallenbad Riedbad* liegt im Stadtteil Bergen-Enkheim, im Fritz-Schubert-Ring, mitten im Grünen und nahe dem Naturschutzgebiet. Es ist eine herrliche ruhige Gegend, die zum Erholen und Entspannen einlädt. Wie der Name bereits verrät, handelt es sich um ein Freibad und um ein Hallenbad.

Das *Freibad Riedbad* bietet sowohl ein Sportbecken für Schwimmer als auch ein Nichtschwimmerbecken. Außerdem gibt es noch ein Sprungbecken mit mehreren Sprungbrettern und ein Planschbecken für die Allerkleinsten. Die Kinder können sich ebenso auf der Spielwiese und dem Spielplatz beschäftigen. Es gibt auch eine Aufguss-Sauna und eine Wasserfall-Dusche. Auf den vorhandenen Sportflächen findet sich ein Beachvolleyballfeld. Im Freibad-

Imbiss kann sich mit Leckereien und kühlen Getränken eingedeckt werden.

Im *Hallenbad Riedbad* gibt es ein Mehrzweckbecken mit Sprungbrettern und ein Nichtschwimmerbecken. In der Wintersaison wird über das äußere 50-Meter-Becken eine Traglufthalle überspannt, so dass man dann auch draußen schwimmen kann. Auch ein Fitnessstudio und eine Saunalandschaft gibt es im Hallenbad. Wer mag, kann bei einem der vielen angebotenen Kurse teilnehmen oder sich einfach zum Relaxen massieren lassen. Auch eine Kneippanlage und eine medizinische Fußpflege stehen zur Verfügung. Mit Bus und U-Bahn ist das *Riedbad* sehr leicht zu erreichen.

Die Öffnungszeiten des *Freibades Riedbad* sind: Montag bis Sonntag täglich, jeweils von 7.00 h bis 20.00 h
Die Öffnungszeiten des *Hallenbades Riedbad* sind:

Samstag und Sonntag	8.00 h bis 20.00 h
Dienstag	6.30 h bis 22.00 h
Mittwoch und Freitag	6.30 h bis 20.00 h
Donnerstag	6.30 h bis 15.00 h

Montag ist Ruhetag.

HALLENBAD HÖCHST

In der Melchiorstraße, im Stadtteil Höchst befindet sich das im Jahre 1955 errichtete *Hallenbad Höchst*. Im Jahre 2006 wurde das Schwimmbad erneuert. Es gibt hier ein Schwimmer-, ein Nichtschwimmer- und ein Kinderplanschbecken. Auch ein Sprungbecken steht zur Verfügung. Außerdem gibt es einen Sauna-bereich mit verschiedenen Saunen und einen Ruhe-raum zum Entspannen. Getränke und Snacks sind im Bistro erhältlich. Ein umfangreiches Kursangebot erwartet interessierte Besucher. Kinder können hier gerne ihren Geburtstag feiern.

Die Öffnungszeiten des Hallenbades Höchst sind:

Montag	7.00 h bis 9.00 h
Dienstag	7.00 h bis 18.00 h
Mittwoch	7.00 h bis 22.00 h
Donnerstag	7.00 h bis 18.00 h
Freitag	7:00 h bis 20.00 h
Samstag	7:00 h bis 22.00 h
Sonntag	9.00 h bis 20.00 h

TEXTORBAD SACHSENHAUSEN

Das *Textorbad Sachsenhausen* findet man im Stadtteil Sachsenhausen in der Textorstraße. Es wurde im Jahre 1961 erbaut. Es ist sehr zentral gelegen und dadurch leicht mit öffentlichen Verkehrsmitteln zu erreichen. In erster Linie wird das Bad rein als Schwimm- und Trainingsstätte betrachtet. Außer dem Sportbecken gibt es noch ein Sprungbecken, ein Nichtschwimmerbecken und ein Kinderplanschbecken. Im behindertengerechten Hallenbad wird eine außergewöhnliche Auswahl an Kursen, im Wasser und im 180 Quadratmeter großen Gymnastiksaal, für jedes Alter angeboten. Ein einmaliges Angebot in ganz Frankfurt ist der Aqua-Cycling-Kurs (Wasserfahrrad).

Die Öffnungszeiten des *Textorbad Sachsenhausen sind*:

Montag	6.30 h bis 12.00 h
Dienstag bis Donnerstag	6.30 h bis 20.00 h
Freitag	6.30 h bis 22.00 h
Samstag und Sonntag	8.00 h bis 20.00 h

NACHWORT

D ies war mein erstes Buch. Meine Recherche dafür war sehr zeitaufwendig, wurde jedoch nach und nach immer interessanter. Die meisten Institutionen und Sehenswürdigkeiten, die in diesem Ratgeber beschrieben werden, kenne ich höchst persönlich. Ich kann mich glücklich schätzen, meine Kinder- und Jugendzeit in der Nachbarstadt Offenbach am Main verbracht zu haben und dies auch meinen Kindern ermöglichen zu können. Viele Jahre habe ich in Frankfurt-Griesheim gearbeitet. Meinen Führerschein erwarb ich bei einer Fahrschule in Griesheim, die Fahrprüfung fand in Höchst statt. Oft fuhr ich während meiner Mittagspause (2 Stunden) einfach los und erforschte immer neue Ecken. Dabei war ich sowohl mit dem Auto als auch mit der Bahn unterwegs. Obwohl Liebhaber der Natur, kann ich es nicht vermeiden, schöne, imposante Gebäude zu bestaunen, Museen zu besuchen und mir Ausstellungen anzusehen. Mittlerweile kenne ich Frankfurt am Main seit über 40 Jahren, jedoch finde ich auch heutzutage ständig Neues und Interessantes in dieser Weltstadt, was es zu entdecken gibt. Auf der Suche nach neuen Restaurants und Gaststätten zieht es sowohl mich als auch meine Familie und meine Freunde immer wieder nach Frankfurt. In dieser multikulturellen Stadt findet sich immer wieder Gelegenheit, Spezialitäten aus den verschiedensten Nationen zu probieren. Wenn Pläne für Unternehmungen anstehen, schauen wir immer zuerst in den Veranstaltungsseiten, was in Frankfurt so los ist. Erst danach lenken wir unser Augenmerk auf andere Städte wie Darmstadt, Wiesbaden, Mainz etc. Frankfurt schneidet dabei meistens recht gut ab.

Meine Absicht beim Schreiben dieses Ratgebers war, im Leser genau das Interesse an der Stadt Frankfurt zu wecken, wie ich es auch habe.

Es war mir wirklich eine wahre Freude.

Viel Freude auch Ihnen beim Entdecken der Stadt Frankfurt am Main.

Packliste

Geld & Finanzen

O (evtl.) Auslandswährung
O Bargeld
O Bauchtasche
O Brustbeutel
O Bauchtasche
O EC-Karte
O Kreditkarte
O Notfall-Telefonnummern der Banken
O Portmonee

Hygiene

O Haarbürste / Kamm
O Deo (klein)
O Shampoo
O Kulturtasche
O Sonnencreme
O Taschentücher

O Reise-Zahnbürste und Zahnpasta
O Verhütungsmittel

Kleidung

O Badeklamotten
O Gürtel
O Hosen kurz / lang
O Mütze / Cap / Hut
O Pullover
O Regenjacke
O Schlafanzug
O Socken
O Sonnenbrille
O Sportklamotten / Jogginghose
O T-Shirts
O Unterwäsche

Medikamente

O Blasenpflaster
O Anti-Durchfalltabletten
O Erste-Hilfe-Set

O Fiebertabletten

O Fiebertabletten

O Mückenschutz

O sonstige Medikamente

O Pflaster

O Kopfschmerztabletten

Unterlagen & Papiere

O ADAC Unterlagen

O Adresslisten für Postkarten

O Krankversicherungsnachweis

O Stadtplan

O Führerschein

O Unterlagen für die Unterkunft

O Wasserdichte Hülle für Reiseunterlagen

O Impfausweis

O Mietwagenunterlagen

O Personalausweis

O Reisepass

O Reisetagebuch

O evtl. Studentenausweis

O evtl. Visum

O Zug- / Bahn- / Flugticket

Taschen & Rucksäcke

O Koffer / Trolley / Reisetasche

O Regenhülle für Rucksack

O Rucksack

Schuhe

O Badeschlappen / Hausschuhe

O Schuhe und Wechselschuhe

Sonstiges

O Brille / Kontaktlinsen und Etui

O Buch zum Lesen

O Ohrenstöpsel und Schlafmaske

O Regenschirm

O Reisedecke

O Wasserflasche

O Wörterbuch

Elektronik

O Digitalkamera
O Handy
O Ladekabel
O Kopfhörer
O evtl. Steckdosenadapter
O Power-Bank

Herstellung und Verlag:

BoD – Books on Demand, Norderstedt

ISBN: 9783750470385

© Fabienne Schwill 2020

1. Auflage

Kontakt: Psiana eCom UG/ Berumer Str. 44/ 26844 Jemgum

Covergestaltung: Fenna Larsson

Coverfoto: depositphotos.com